Soy U

por Jose Marau • ilustrado por Jackie Stafford

Destreza clave Vocal *Uu*
Palabra de uso frecuente *sí*

Scott Foresman
is an imprint of

Yo soy la u.

Yo soy la U.

a, e, i, o, u. Soy la u de uvas.

a, e, i, o, u. Soy la u de urraca.

¿Come uvas la urraca?

Sí. La urraca come uvas.

a, e, i, o, u

8